„Humor ist das Salz der Erde, und wer gut durchgesalzen ist,
bleibt lange frisch."

Karel Capek (1890 - 1938)

Für Maria und Hermann Rein

Mathias P. Rein

Witzebuch LACHEN

Die 300 besten Witze der 80er und 90er
Garantiert jugendfrei und oberhalb der Gürtellinie

2020

Bibliografische Information der Deutschen Nationalbibliothek:
Die Deutsche Nationalbibliothek verzeichnet diese Publikation in der
Deutschen Nationalbibliografie; detaillierte bibliografische Daten sind im
Internet über dnb.dnb.de abrufbar.

Rein, Mathias P.

Witzebuch LACHEN
Die 300 besten Witze der 80er und 90er
Garantiert jugendfrei und oberhalb der Gürtellinie

ISBN: 9-783749-478156

Herstellung und Verlag: BoD - Books on Demand GmbH, Norderstedt, 2020

LACHEN!

„Witze aus den 80er und 90er Jahren" … Klingt alt, ist es <u>nicht</u>!
Im Gegenteil! Die Witze sind einfach gut, humorvoll, schon lange nicht
mehr erzählt und auch mit Inhalten, die nicht mehr alltäglich sind.
Erinnern Sie sich noch an die D-Mark, an Schecks und Scheckbücher, an
Telefonzellen, den Manta und die gute alte Langspielplatte?

Ja, dann viel Spaß!
Nein, dann lassen Sie sich überraschen…!

Viel Spaß beim Lesen
*und **LACHEN!***

Das böse Schweinchen trifft die liebe und gute Fee im Wald:
„Schweinchen, schön dass ich dich treffe. Du hast zwei Wünsche frei!"
„Siehst du diesen Baum?", sagt das böse Schweinchen. „Schlage einen
Nagel so rein, dass niemand auf dieser Welt ihn herausziehen kann.
Niemand, auch nicht du!"
„Gut, erledigt. Und was wünscht du dir noch?"
„Ziehe ihn heraus."

Ein alter und ein junger Jäger sind auf der Hirschjagd.
Nach stundenlangem Warten erscheint ein prächtiger Hirsch auf der
Lichtung. Der junge Jäger reißt das Gewehr hoch, aber der alte drückt
es ihm wieder nach unten: „Nein, nicht auf den, der ist noch zu jung!"
Sie warten weiter. Ein anderer Hirsch kommt und wieder will der
junge Jäger anlegen. Der alte verhindert wieder den Schuss.
Einige Zeit später kommt ein gar fürchterlich zugerichteter Hirsch aus
dem Wald gehumpelt, er hinkt, ist einäugig, ein Ohr fehlt ganz, das
andere zerfleddert, löchriges Fell und nur noch ein paar Stummel
anstelle des Geweihs. Da sagt der Senior-Jäger: „So, jetzt schieß!
Auf den schießen wir immer."

Der Ehemann liest Zeitung, plötzlich meint er: „Die größten Esel heiraten die schönsten Frauen!"
Seine Gattin lächelt: „Oh, du alter Schmeichler!"

Erregt beschwert sich die junge Frau: „Glauben sie, weil ich aus der Provinz komme, können sie mich in ein so kleines Zimmer stecken?"
Beruhigt sie der Hausdiener: „Aber gnädige Frau, wir sind doch erst im Fahrstuhl!"

"Guten Tag," sagt der Elektriker zum Patienten der an der eisernen Lunge angeschlossen ist, "ich muss sie bitten, einmal kräftig Luft zu holen."
"Warum?" keucht der Patient.
"Ich muss jetzt für 15 Minuten den Strom abschalten!"

Ein Vertreter macht in einem schäbigen Hotel Rast.
Er lässt sich die Zimmer zeigen und fragt arrogant: "Was kostet denn dieser Saustall pro Nacht?"
Antwortet die Wirtin beleidigt: "Vierzig Mark, pro Nacht und Sau!"

Lehrer zum Schüler: "Einer von uns muss ein Riesentrottel sein."
Am nächsten Tag überreicht ihm der Schüler einen Zettel.
"Was ist denn das?"
"Ein Attest vom Schularzt, dass ich völlig normal bin!"

Zwei Nachbarinnen reden über die dritte.
"Wie alt mag Frau Schnösel wohl sein?"
"Tja, wer weiß, nachdem was sie andeutet, etwa zehn Jahre jünger, als ihr Sohn."

Einfach gut

Ein Trapper kommt in fremdes Gebiet. Er baut sich ein Blockhaus und hackt dann die restlichen Stämme zu Kleinholz.
Ein Indianer kommt vorbei und ruft: "Oh, kalte Winter!"
Also denkt sich der Trapper: „Da muss ich noch mehr Brennholz machen!" und legt los.
Der Indianer kommt wieder vorbei und sagt: "Oh, sehr kalte Winter!"
„Er muss es ja wissen!", denkt der Trapper und hackt noch mehr Brennholz.
Als der Indianer zum dritten Mal vorübergeht, fragt er ihn:
"Woher weißt du denn so genau, dass ein kalter Winter kommt?"
"Oh, weiße Mann viel Holz machen!"

HA
HA
HA

"Ich habe einen Tausendmarkschein verloren", ruft Müller in die überfüllte Straßenbahn. "Dem ehrlichen Finder zahle ich einhundert Mark!"
Ruft ein anderer Fahrgast: "Ich biete zweihundert!"

Der Krämer bedient eine Kundin, als eine zweite Kundin in den Laden kommt. "Geben Sie mir bitte Katzenfutter", ruft sie dem Krämer zu und sagt zu der Dame vor ihr: "Sie sind mir doch nicht böse, weil ich mich einfach vorgedrängelt habe?"
"Aber ich bitte sie", antwortet die überfreundlich: "Wo sie doch so einen Hunger haben."

"Jetzt habe ich aber die Nase voll", meckert Opa, nachdem er nach einem ausgiebigen Kneipenbesuch in der Nacht die sechste Straßenlaterne gerammt hat.
"Ich setzte mich jetzt einfach hin und warte ab, bis dieser dämliche Fackelzug vorbei ist!"

"Warum hat sich deine Verlobte eigentlich von dir getrennt?"
"Ich habe sie meinem Onkel vorgestellt."
"Na und?"
"Jetzt ist sie meine Tante!"

Ein Student trifft einen anderen: "Was ist denn mit
dir los? Warum bist du denn so sauer?"
"Ach, ich habe meinem Vater geschrieben und ihn
dringend um Geld für ein paar Bücher gebeten."
"Na und?"
"Er hat mir die Bücher geschickt!"

Auf dem Vampirfest herrscht tolle Stimmung.
Nach einem kräftigen Schluck aus der Bowle wendet sich ein bleicher
Gast an den ebenso bleichen Hausherrn:
"Exzellent diese Bowle. Wo haben sie nur das Rezept her?"
"Sie übertreiben, mein Bester! Alles nur geklaute Blutproben vom
Polizeirevier."

Ein Heldentenor singt zum Steinerweichen und das Publikum fordert
Zugabe um Zugabe. Fragt ein Tourist einen Einheimischen:
"Finden Sie das wirklich so gut?"
"Gott bewahre", meint der Einheimische,
"aber heute geben wir ihm den Rest!"

Die eine Freundin zur Anderen:
" Mein Freund ist ein ausgesprochen intelligenter Typ."
"Tröste dich, meiner hat auch kein Geld."

Ein Schotte, der weit außerhalb der Ortschaft wohnt,
schickt an einem kalten Winterabend seine Frau ins Dorf, um ihm eine
Flasche Whisky zu holen.
Er gibt ihr einen Zettel mit:
"Lieber Mac, gib doch bitte meiner Frau eine Flasche Whisky auf
Kredit. Da sie den kürzeren Weg über den See nimmt,
wage ich ihr kein Geld mitzugeben. Es könnte ja sein, dass das Eis
nicht hält!"

"Wie fühlst du dich denn mit deiner neuen Brille, Erwin?"
"Phantastisch, ich habe Leute getroffen,
die ich schon eine Ewigkeit nicht mehr gesehen habe."

"Wie alt sind Sie eigentlich, Frau von Stangenbach?", fragt der
Schönheitschirurg seine neue Patientin.
"Ich gehe auf die vierzig zu."
"Aus welcher Richtung?"

Wo wohnen Katzen? Im Mietzhaus!

HA HA
HA

Mayra zum Papa: Ich wünsche mir als
Geschenk ein Pony zu Weihnachten.
Papa: „Geht in Ordnung."
Mayra: „Wirklich, ich liebe dich über alles!"
Papa an Heiligabend: „So Mayra, dein Friseurtermin steht."

HA HA
HA HA

Die Besten

Stefan bringt seinen Papagei ins Tierheim.
"Er bringt mich dauernd in Verlegenheit. Letzten Monat habe ich ihn erst von einem Psychiater gekauft, aber sein ewiges: *Legen sie sich auf die Couch...* hat mich schon zwei Freundinnen gekostet!"

"Ja, ich mag Mozart", sagt Sigrid ganz verzückt zu ihrer Tante, "besonders als Kugel!"

Zwei Männer im Eisenbahnabteil. Der eine kaut Apfelkerne.
Fragt der Andere: "Warum tun sie das?"
"Damit ich klüger werde!", entgegnet der und kaut weiter.
"Hm... ...kann ich auch ein paar haben?"
"Natürlich. Aber das kostet pro Kern eine Mark."
Der andere zahlt und kaut seine Apfelkerne.
Plötzlich: "Mensch, für das Geld hätte ich mir eine ganze Tüte Äpfel kaufen können!"
Nickt der erste und meint: "Sehen sie, es wirkt schon!"

"Wer waren die ersten Politiker?"
"Die Heiligen Drei Könige. Sie legten ihre Arbeit nieder, zogen schöne Gewänder an und gingen auf Reisen!"

Was sitzt auf einem Baum und schreit "Aha"?
Ein Uhu mit Sprachfehler.

Peter vermisst seinen Hausschlüssel. Er sucht in allen Taschen, vergeblich. Immer aufgeregter wird er, aber der Schlüssel findet sich nicht. Sein Freund Stefan schaut ihm zu und fragt schließlich:
"Hast du auch schon in der rechten Hosentasche nachgesehen?"
"Nein!"
"Aber warum denn nicht?"
"Ich trau mich nicht, wenn er da auch nicht ist, bin ich verloren!"

Die junge Frau schluchzt:
"Du hast dein Versprechen nicht gehalten, du Schuft!"
"Weine nicht Liebling", entgegnet er trocken, "du kannst sofort ein neues haben."

Zwei Männer sitzen in einem Café. Schließlich fragt der eine:
"Warum starrst du denn die ganze Zeit zur Garderobe?"
"Ich pass auf, dass mein Mantel nicht gestohlen wird."
"Lächerlich! Ich schau ja auch nicht dauernd hin."
"Eben! Dein Mantel ist ja auch schon lange fort!"

"Badet deine Freundin noch immer oben ohne?"
"Nicht mehr, seit der Bademeister unlängst zu ihr *junger Mann* gesagt hat!"

„Sie sind das erste Modell, in das ich mich verliebt habe", gesteht der junge Kunstmaler dem ausgesprochen hübschen Mädchen.
"Hatten sie denn viele Modelle?", haucht sie.
"Vier", flüstert er, "einen Kürbis, eine Flasche und zwei Orangen."

Der Vater tröstet seinen jungverheirateten Sohn:
"Alle jungen Ehepaare streiten sich mein Junge. Auch deine Mutter und ich hatten zu Beginn unserer Ehe zwei oder drei ernste Meinungsverschiedenheiten, bevor wir darauf kamen, dass ich grundsätzlich im Irrtum war."

Meint Franz:
"Auf der Party wurde so wild getanzt, dass der Gastgeberin das Kleid platzte."
"Und wurde sie rot?", fragt sein Freund.
"Weiß ich nicht, ihr Gesicht hab ich nicht angeschaut."

"Der Hund hat gestern meine Schwiegermutter gebissen!"
"Und, wie fühlt sie sich heute?"
"Sie fühlt sich gut, aber der Hund ist gestorben."

"Sie haben doch eine Anzeige aufgegeben, dass sie einen Nachtwächter für ihren Betrieb suchen. Hatte das Inserat Erfolg?"
"Oh ja, gleich am nächsten Tag wurde bei uns eingebrochen."

"Wie lange war die flotte Melanie eigentlich mit dem Fabrikanten verlobt?"
"Ach, nur zwei Scheckbücher lang!"

"Was ist der Unterschied zwischen Jeans und einer Behörde?"
"Bei Jeans sitzen die Nieten an der richtigen Stelle."

Der Poet liest aus seinen Werken. Es ist sehr heiß im Saal und nach einer Weile bittet er darum, seinen Rock ablegen zu dürfen. Nach dem zweiten Akt hat er sich bereits seiner Krawatte entledigt. Da meint ein Zuhörer zu seiner Frau:
"Die Sache kann noch ziemlich neckisch werden. Das Stück hat sechs Akte!"

Ein Franzose sagt zu einem Berliner:
"Unsere Sprache ist die schwerste.
Wir schreiben Bordeaux und sagen Bordoh."
"Das ist doch gar nichts", meint der Berliner,
"wir schreiben Pferd und sagen Jaul."

Der Herr Professor wettert:
"Das ist ein Skandal heutzutage! Alle wollen sie ihr Abitur machen und dann studieren. Zu meiner Zeit hat nicht jeder Trottel studiert. Ich war der einzige aus dem ganzen Landkreis!"

Die Familie unternimmt mit dem neuen Auto einen Ausflug.
Vor einer Kreuzung fragt Vater Heinrich:
"Kommt von rechts ein Auto, Erna?"
"Nein... ", sagt Mutter Erna.
Vater Heinrich gibt Gas.
 "...nur ein olles Müllauto."

HA
HA
HA

Rita zu Gabi beim Kaffeeklatsch:
"Über Sabine kann ich nur Gutes sagen."
"So? Dann lass uns über etwas Anderes reden."

"Ihre Genesung haben sie dem Herrgott und ihrer robusten Natur zu verdanken", sagt der Doktor.
"Dann hoffe ich", sagt der Patient erfreut, "dass sie das bei ihrer Rechnung auch berücksichtigen."

Der Direktor einer Großbank kontrolliert unangemeldet die Filiale in der Kleinstadt. Der Schalterraum ist leer, die drei Angestellten spielen hinten im Raum Karten.
Voller Wut drückt der Direktor auf den Alarmknopf.
Nichts geschieht.
Nach ein paar Minuten erscheint der Kellner vom Lokal gegenüber und bringt drei Bier.

Matze und Markus unterhalten sich:
"Wann arbeitest du am schwersten?"
"Vor dem Frühstück!"
"Was machst du da?"
"Ich steh auf!"

Wieso trinken sie denn ihr Bier mit einem Strohhalm?"
"Weil ich meiner Frau versprochen habe, nie wieder ein Glas an meine Lippen zu setzen."

"Bist du nach der gestrigen Party gut nach Hause gekommen?"
"Ja danke, nur als ich in die Lindenstraße einbog, trat mir irgend so ein Idiot auf die Finger."

Der Autofahrer zum Tankwart: "Kontrollieren sie bitte auch die Reifen." - "Eins, zwei, drei, vier - alle da!"

Otto möchte sich scheiden lassen.
"Sie führt Tagebuch", beklagt er sich bei seinem Rechtsanwalt, "und beschreibt darin jeden Krach zwischen uns ganz genau."
"Aber das ist doch nicht so tragisch, das machen doch viele Frauen."
"Schon, aber sie führt das Tagebuch schon eine Woche im Voraus."

"Hallo Hans, wie geht's denn so? Was treibst du denn im Augenblick?"
"Ach, ich verkaufe Möbel."
"Donnerwetter, dann geht es dir sicher prima!"
"Nun ja, ich verkaufe meine eigenen!"

Der Hausherr wendet sich an die neue Hausangestellte:
"Warum haben sie meiner Frau gesagt, um wie viel Uhr ich nach Hause gekommen bin? Ich habe ihnen doch ausdrücklich befohlen, nichts zu verraten!"
"Ich habe nichts verraten", erwidert sie.
"Ihre Frau fragte mich, um wie viel Uhr sie gekommen sind und ich erwiderte nur, dass ich zu sehr mit der Zubereitung des Frühstücks beschäftigt gewesen wäre, um auf die Uhr sehen zu können."

Aus dem Polizeibericht:
"Der Täter hatte die junge Frau überwältigt und war im Begriff sich an ihr zu vergehen. Glücklicherweise kam ihm die Polizei zuvor."

"Hm", nickt der Arzt lächelnd seinem Patienten zu, "und künftig trinken wir jeden Tag nur zwei, drei Gläschen Cognac, nicht wahr!"
"Gut, Herr Doktor, und wann soll ich immer vorbeikommen?"

"Ich habe ihre Katze totgefahren", sagt der Autofahrer zum Bauern.
"Aber ich werde sie selbstverständlich ersetzen!"
"Gut!", meint der Bauer. "Dann kommen sie gleich mit in die Scheune zum Mäusefangen!"

Der Meister zum neuen Lehrling:
"Lesen sie eigentlich gerne?"
"Oh ja, Meister."
"Das ist gut, dann lesen sie mal die Büroklammern da auf."

"Markus", sagt Frau Kniffke zu ihrem Mann,
"wann gewöhnst du dir endlich deine dummen Redensarten ab?
Ständig sagst du *mein Auto*, *mein Fernseher*, *mein Geld* ... und überhaupt, was machst du im Badezimmer?"
"Unseren Rasierapparat holen, Liebling."

"Mit zwanzig Mark kommen sie noch glimpflich davon", ermahnt der Polizist den Verkehrssünder.
"Das stimmt", gesteht der ein, "ihr Kollege hat mir für dasselbe Vergehen gleich den Führerschein abgenommen."

"Mein idealer Partner", erklärt Alexandra ihrer Freundin, "müsste tadellos aussehen, stets über alles auf dem Laufenden sein und abends immer zu Hause bleiben!"
Die Freundin überlegt kurz und meint dann:
"Was du brauchst, ist kein Mann, sondern ein Fernsehgerät!"

Der Untermieter kommt in das Wohnzimmer seiner Wirtin und zeigt eine leere Likörflasche vor.
"Diese Flasche", sagt er, "war heute Morgen noch halb voll. Wissen sie, wer sie ausgetrunken hat?"
"Das war ich, junger Mann,
ich dulde in meinem Haus keinen Alkohol!"

Ein Gastwirtssohn, der eine Lehre als Gemeindeschreiber hinter sich hatte, übernahm das Geschäft seiner Eltern und stellte fest, dass das Meldebuch nicht ordentlich geführt wurde.
Er brachte daher eine Tafel an:
"Wer in Hinkunft bei seiner Ankunft über seine Abkunft und Herkunft keine Auskunft gibt, bekommt in Zukunft keine Unterkunft!"

"Na, wie war der erste Abend mit deiner neuen Freundin?"
"Enttäuschend. Wir haben in ihrem Zimmer Sekt getrunken und geplaudert. Plötzlich knipst sie das Licht aus
und fängt an sich auszuziehen. Da habe ich dann sofort gemerkt, dass sie müde war und bin gegangen!"

"Der verfluchte Bengel hat mir Geld aus der Brieftasche geklaut!", ruft der Vater.
"Wie kannst du so etwas behaupten?", nimmt die Mutter ihren Sprössling in Schutz. „Ebenso könnte ich das Geld genommen haben."
"Du? Unmöglich!", meint der Vater.
"Er hat noch was übrig gelassen!"

Was sagt ein Hai, nachdem er einen Surfer gefressen hat?
"Nett serviert, so mit Frühstücksbrettchen."

HA
HA
HA

Kommt ein Mann zum Psychiater und sagt:
"Herr Doktor, ich fühle mich wie ein Biskuit."
Sagt der Psychiater:
"So ein kleiner, runder mit Löchern drin?"
"Ja", erwidert der Mann.
"Dann sind sie kein Biskuit, sondern ein Kräcker!"

Zwei uralte Freunde treffen sich.
Sagt der eine:
"Gratuliere, du hast dich ja mit deinen 75 Jahren noch verlobt. Wie alt ist denn die Braut?"
"70!"
"Und wann wird geheiratet?"
"Keine Ahnung, ihre Eltern sind noch dagegen."

Zwei Architekten in Pisa. Fragt der eine "Willst du den Turm wirklich so hoch bauen?"
Sagt der andere: "Was kann da schon schief gehen?"

„Ich hatte einen Traum, dass ich ein riesiges Brötchen aß.
Als ich aufwachte, war mein Kissen weg."

Die lieben Kleinen

"Klausi, du sollst nicht immer sagen: *Es ist bloß Papi*, wenn du die Tür aufmachst."
"Aber Mami, es ist wirklich bloß Papi!"

Der kleine Sohn des Elektrikers kommt weinend zu seiner Mutter.
"Was hast du denn?", fragt sie besorgt.
"Ich habe eine Biene angefasst, die nicht isoliert war."

Anita stellt ihre jüngere Schwester zur Rede:
"Wie du dich aufführst, Katja. Bei unserer Party gestern habe ich deutlich gehört, wie du dich auf der Veranda hast küssen lassen."
"Stell dich nicht so komisch an, Anita", entgegnet die Kleine, "du lässt dich ja auch jeden Tag küssen."
"Das ist etwas anderes, mich küsst mein Verlobter."
"Das ist gar nichts anderes, mich küsst auch dein Verlobter!"

Fritzchen geht mit seinen Eltern spazieren.
Da begegnen sie einer Familie mit Hund. Fritzchen grüßt freundlich, worauf es ihm die Eltern gleichtun. Auch die andere Familie grüßt.
Später fragt dann der Vater:
"Wer war das denn?"
"Keine Ahnung, ich kannte nur den Hund!"

"Tante, was ist eigentlich ein Reptil?"
"Nun, ein Reptil kann nicht stehen oder gehen, es kriecht auf dem Boden entlang."
"Verstehe, dass ist so etwas wie mein kleiner Bruder."

"Mami", fragt der kleine Julian,
"wo kommen eigentlich die kleinen Kinder her?"
Die Mutter wird verlegen und sagt:
"Geh zu Vati, der wird es dir erklären."
Nach einer Weile kommt der Junge zurück und die Mutter fragt:
"Weiß du jetzt, wo die kleinen Kinder
herkommen?"
"Natürlich vom Storch", sagt der Kleine
ganz entrüstet.
"Aber du glaubst gar nicht, was Papi mir
darüber für einen Quatsch erzählt hat!"

Vater zum Sohn: "Ich begreife nicht, wie du so faul sein kannst! Für
mich ist Arbeit ein Vergnügen."
"Aber Vater, wir sind doch nicht zum Vergnügen auf der Welt."

Ein kleines Mädchen und ein kleiner Junge
stehen im Bad vor einer Waage.
Sagt das Mädchen: "Ich weiß auch nicht genau, was das ist - ich weiß
nur, dass man drauf steigt und die Wut kriegt."

"Stefan, wenn du Tante Jutta nicht sofort einen Kuss gibst,
schicke ich dich ins Bett!", sagt die Mutter zum Sprössling.
"Na denn mal Gute Nacht allerseits!"

Die Mama hat Ärger mit dem Papa gehabt. Der kleine Frank versucht
sie aufzuheitern. Dankbar streichelt sie ihn und sagt: "Mein Kleiner,
wenn wir dich nicht hätten...". "Na siehst du", strahlt Frank, "dann hat
sich die Anschaffung also doch gelohnt."

"Wie gefällt dir denn die kleine Schwester?",
wird der vierjährige Thomas von der Nachbarin gefragt.
"Och, ganz niedlich,
aber wir hätten andere Sachen dringender gebraucht."

"Papa, ich muss dich mal unter vier Augen sprechen", sagt die
halbflügge Tochter zu ihrem Vater.
"Du meinst wohl unter drei?", erwidert der schmunzelnd.
"Wieso?"
"Wie ich dich kenne, soll ich doch wieder eins zudrücken."

Die Großmutter zum Enkel:
"Wenn ich gähne, halte ich mir die Hand vor den Mund!"
"Brauch ich nicht, meine Zähne sitzen fest."

Geht Klein-Manfred zu seiner Mutter.
"Mamma, wieso hann i so än Dialäkt?"
"Das weiß ich nicht, mein Sohn."
Geht er zu seinem Vater.
"Papa, wieso hann i so än Dialäkt?"
"Das weiß ich nicht, mein Sohn."
Kommt der Postbote: "Poscht isch do!"

In Künzelsau gibt es eine Überschwemmung. Da Julius bei den
Aufräumarbeitern nur im Weg ist, wird Tante Monika angerufen:
"Tante Monika, bei uns ist eine Überschwemmung, kannst du den
Julius für ein paar Tage zu dir nehmen?"
Klar kann sie.
Am nächsten Tag ist Julius mit einem Brief von der Tante wieder da:
"Da habt ihr euren Julius wieder.
Schickt mir lieber die Überschwemmung!"

"Du isst entschieden zu viel, Peter. Sechs belegte Brote kann ein so kleiner Junge wie du doch nicht schaffen."
"Hast du eine Ahnung, Tante Helga! Ich bin innen viel größer, als ich von außen aussehe."

"Papa, was ist ein Ehrendoktor?"
"Tja, mein Sohn, wie soll ich dir das erklären...?
Das ist ungefähr so ein Titel, als wenn Mutti mich als Hausherr vorstellt."

"Meine Mami muss Strafe zahlen,
weil sie bei grün über eine Ampel gefahren ist!"
"Aber das ist doch nicht verboten."
"Schon möglich. Aber die Ampel allein
hat schon tausend Mark gekostet."

"Wie sehen deine Hände wieder aus. Gehe sie sofort waschen!",
schimpft die Mutter.
Darauf Annina: "Ich will ja nur essen und niemanden operieren."

Der Vater will seinem Sohn Manieren beibringen.
"Was tust du, wenn du in einem überfüllten Bus sitzt
und eine alte Dame zusteigt?"
"Na, dasselbe wie du Papa, ich stelle mich schlafend!"

Als der Vater von der Arbeit nach Hause kommt fragt die kleine Luise lautstark die Mutter:
"Mutti, was soll ich Vati zuerst zeigen, mein Zeugnis, die Beule im Auto oder die Rechnung vom Klempner?"

Der Vater streng:
"Martin, heute habe ich deinen Klassenlehrer getroffen."
"Komischer Kerl, was? Loben tut der keinen."

Ein verzweifelter Vater fragt den Lehrer, ob es denn wirklich keine
Möglichkeit gebe, den Sohn doch noch zu versetzen.
Der Lehrer bedauert:
"Leider nicht, mit dem, was ihr Junge nicht weiß, könnten glatt noch
zwei weitere Schüler sitzen bleiben."

Papa, hör mal, wenn du mir zehn Mark gibst, erzähl ich dir, was unser
Briefträger immer zu Mutti sagt.
"Da hast du das Geld mein Sohn, na was sagt er denn immer?"
"Einen schönen guten Morgen, Frau Mayer, hier ist die Post!"

Beim Besuch eines Konzertes fragt der kleine Mathias seinen Vater:
"Papa, warum bedroht der Mann da vorne
die Frau mit dem Stock?"
 "Aber Kind, er bedroht sie nicht, er dirigiert das Orchester."
"Und warum schreit die Frau dann so laut?"

Als der kleine Dennis zum Musikunterricht kommt,
findet er eine Pistole in seinem Geigenkasten.
"Ach du liebe Güte", erschrickt er,
"jetzt steht der Alte mit der Geige in der Bank."

Die Oma fragt den kleinen Michael: "Na, wie geht es dir?"
"Ganz gut, nur mit deiner Tochter habe ich hin und wieder Probleme."

Mutter: „Wenn du immer so nervig bist, dann bekommst du auch mal
Kinder, die so nerven."
Fritzchen grinst: "Jetzt hast du dich aber schön verraten."

Paulchen fragt seinen Freund.
"Du, was heißt denn das: Die Sünden der Väter rächen
sich an den Kindern?"
"Ist doch klar: Mein Vater macht meine Schularbeiten,
und ich krieg die schlechten Noten dafür."

"Na Karlchen", fragt der Vater, "gefällt dir dein neues
Schwesterchen?"
"Ja, ganz gut Papa. Aber die ist wirklich schrecklich blöd. Der kann
man in den Mund stopfen, was man will: Käfer, Würmer, Fliegen... die
isst einfach alles."

Der kleine Marcel kam am Samstag mit vielen anderen ABC-Schützen
in die Schule. "Mama, warum heißt die Schule eigentlich
Volksschule?", fragte er neugierig.
Die Mama runzelte die Stirn und dachte über mögliche Erklärungen
nach. Aber da hatte sich der Sohnemann seine Frage schon selbst
beantwortet: "Ich weiß schon, Mama, weil man da *volken* muss."

Kindergespräch:
"Ich darf mir zum Geburtstag wünschen, was ich will!"
"Und, was wünscht du dir?"
"In den letzten vier Jahren habe ich mir immer ein
Fahrrad gewünscht."

Ludwig schickt seinen Sohn los, den Müll herunterzubringen:
"Du hast die jüngeren Beine."
"Meinst du nicht", erwidert der Kleine,
"dass wir erst einmal die alten verbrauchen sollten."

Es prahlt der kleine Peter:
"Mein Bruder ist Entwicklungshelfer!"
"Wo, etwa in Afrika?"
"Äh nein, im Fotolabor, gleich nebenan."

"Der Lehrer beklagt sich über dich, Dieter!"
"Das musst du nicht so eng sehen, Mama, heute klagen doch alle
Leute."

„Mutti, gibst du mir eine Mark für den alten Mann da
unten?"
"Wie schön, mein Sohn, dass du so mitfühlend bist!
Natürlich bekommst du das Geld. Wo ist denn der
alte Mann?"
"Er steht unten an der Ecke und verkauft Eis."

"Aber Papi, du hörst mir ja überhaupt nicht zu!"
"Natürlich höre ich dir zu, mein Sohn!"
"Kann nicht sein, wenn du mir zugehört hättest, wärst du nämlich
längst wütend geworden!"

Lehrerin: „Tut mir leid Peter, aber mehr als eine fünf kann ich dir im
Fach Französisch nicht geben."
Peter: „Gracias."

Kindergespräch: "Mein Vater kann zaubern, in einer Minute verwandelt er ein Fünfmarkstück in einen Hasen!"
"Das ist doch gar nichts, meine Mutter macht viel schwierigere Sachen, im Handumdrehen verwandelt sie einen Fünfhundertmarkschein in ein neues Kleid."

"Verlobung, also das ist", erklärt der Vater dem Siebenjährigen, "wenn ich dir zu Weihnachten ein Fahrrad schenke, du aber erst Ostern damit fahren darfst."
Der Kleine grinst: "Aber ein bisschen klingeln wird man doch wohl dürfen, oder?"

Der Vater sagt zum Sohn:
„Sohn, ich muss dir was sagen. Du wurdest adoptiert."
„WAS! Ich will sofort meine echten Eltern kennenlernen."
„Wir sind deine echten Eltern! Und jetzt mach dich fertig, du wirst in 20 Minuten abgeholt."

Vater und Sohn machen einen Spaziergang.
Da grüßt der Kleine einen völlig fremden Herrn.
"Kennst du den Mann denn?", will der Vater wissen.
"Ja Papi, dass ist der Mann vom Umweltschutz. Der kommt einmal in der Woche zu Mutti und fragt immer als erstes, ob die Luft rein ist."

Manta Manta

Was sagt ein Mantafahrer beim Zahnarzt?
Ey, boah, ey.

Was sagt ein Mantafahrer an der Tankstelle?
Ey, Super, ey.

Holt ein Manta-Fahrer seine Oma ab. Sagt die Oma: "Bitte stelle mir
doch mal den Sitz vor."
Der Manta-Fahrer "Sitz das ist Oma, Oma das ist Sitz."

Mantafahrer in Ägypten. Auf einer Nilbrücke
überschlägt er sich. Fahrer und Wagen landen im Nil.
Als die Krokodile auf ihn zukommen, meint der
Mantafahrer: "Ey, goil, ey! Rettungsboote von
Lacoste!"

Ein Mantafahrer hat auf seinem Beifahrersitz einen Papagei sitzen und
das Fenster offen. Er hält an der roten Ampel neben einem Mercedes.
Der Fahrer des Mercedes kurbelt sein Fenster ebenfalls runter und
fragt: "Kann der auch sprechen?"
Darauf der Papagei: "Weiß ich doch nicht!"

Ein Mantafahrer nimmt eine Nonne mit. Diese freut sich: "Ich finde es
sehr christlich von ihnen, dass Sie mich mitnehmen."
"Kein Problem. Batmans Freunde sind auch meine Freunde!"

Arme Lehrer

"Vanessa, wie viele Elemente gibt es?"
"Fünf, Herr Lehrer!"
"So, mir sind aber nur vier Elemente bekannt. Zähl sie doch mal auf."
"Erde, Feuer, Wasser, Luft und Bier!"
"Aber Vanessa, Bier ist doch kein Element!"
"Doch, meine Mami sagt immer, wenn Papi Bier trinkt,
ist er in seinem Element!"

In der Schule läutet das Telefon:
"Thomas kann heute leider nicht in die Schule kommen, er hat sich
den Magen verdorben."
"Gut, und wer spricht da?"
"Mein Vater!"

Könnt ihr mir sagen, was man unter
Gedächtnis versteht?", fragt die
Biologielehrerin.
Peter meldet sich: "Das ist die Stelle im Kopf,
mit der man Gelerntes wieder vergisst."

Der Lehrer zu Hermann:
"Warum haben die Flugzeuge Propeller?"
"Damit die Piloten nicht schwitzen!"
"Falsch!", sagt der Lehrer.
Hermann: "Aber ich habe es gesehen. Als der Propeller sich nicht
mehr drehte, fing der Pilot an zu schwitzen."

28

Fritzchen zur Mama: "Mein Lehrer hat echt keine Ahnung. Immer fragt der mich."

"Nun Anton", fragt der Lehrer, "warum habe ich dich wohl einen kleinen Dummkopf genannt?"
"Weil ich noch nicht so groß bin wie Sie!"

Der Lehrer im Geschichtsunterricht: "Wann wurde Rom erbaut?"
"In einer Nacht", ist die Antwort eines Schülers.
"Wie kommst du darauf?"
"Sie haben doch selbst gesagt,
dass Rom nicht an einem Tag erbaut wurde!"

HA HA HA HA

"Unrein, Unfair, Unruhe - wie ihr seht, bedeutet die Vorsilbe *Un-* meist etwas Unangenehmes. Kann mir einer von euch
ein weiteres Beispiel hierfür nennen?"
"Ja, Herr Lehrer: Unterricht!"

Der Lehrer sieht, wie ein paar Jungen unter dem Tisch Karten spielen.
"Jungs", ruft er, "ihr wisst, warum ich jetzt mit euch schimpfe?"
"Ja", gibt einer zerknirscht zu, "ich hätte das Pik-Ass nicht ausspielen dürfen!"

Sagt Fritzchen zu seinem Lehrer:
"Ich will ihnen ja keine Angst machen, aber mein Vater hat gesagt, wenn ich das nächste Mal kein besseres Zeugnis nach Hause bringe, kann sich jemand auf was gefasst machen!"

"Uwe, was bedeutet Piano forte?"
"Das Klavier ist weg, Herr Lehrer!"

"Jeder Mensch muss im Leben ein Ziel haben", doziert
der Lehrer.
"Welches Ziel zum Beispiel hast du Klaus?"
"Ich möchte ihr Vorgesetzter werden!"

Lehrer in der Schule:
"Morgen möchte ich von euch wissen, was ein Gentleman ist."
Uli fährt mit dem Bus nach Hause. Eine schwangere Frau steigt ein. Uli
springt sofort auf und bietet der Dame seinen Platz an.
Daraufhin meint diese erfreut: "Du bist ja ein richtiger Gentleman!"
Tags darauf fragt der Lehrer: "Nun, was ist ein Gentleman?"
Uli meldet sich:
"Ein Gentleman ist ein Mann, der eine schwangere Frau sitzen lässt."

"Otto", fragt der Lehrer, "wem verdanken wir den Kalender?"
"Den von diesem Jahr hat uns unser Metzger geschenkt!"

"Nun, Anita, beweise mir mal, dass die Erde rund ist
und sich um sich selbst dreht!"
"Entschuldigen sie, Herr Lehrer, aber das habe ich nie behauptet!"

Vor einer Schule ist für die Autofahrer ein
Warnzeichen angebracht: "Überfahren Sie die
Schulkinder nicht!"
Darunter steht: "Warten sie lieber auf die Lehrer!"

"Herr Lehrer", fragt Fritzchen den Klassenlehrer, "kann man für etwas bestraft werden, was man nicht getan hat?"
"Natürlich nicht, dass wäre ungerecht."
"Gut", sagt Fritzchen.
"Ich habe meine Hausaufgaben nicht gemacht!"

Nach einer schlechten Mathearbeit sagt der Lehrer: „Ich müsste eigentlich 50% von euch eine sechs geben.
Ein Schüler antwortet: „So viele sind wir doch gar nicht!"

Fragt ein Lehrer die Klasse: „Wer kann mir 5 Tiere aus Afrika nennen?"
Ein Schüler meldet sich: „Ein Löwe und vier Zebras."

Die Klassenlehrerin steht mit ihren Schülern der 3. Klasse am Bahnsteig und ärgert sich:
„Schon wieder ein Zug für die 1. und 2. Klasse."

Die Lehrerin fragt: Was ist die Hälfte von 543 Kilo?
Lisa antwortet: 543 Pfund.

Ein Lehrer erwischt einen Schüler beim Schlafen im Unterricht: „Ich glaube hier ist nicht der richtige Platz, um zu schlafen."
Antwortet der Schüler: „Das geht schon, wenn sie nur ein bisschen leiser reden könnten."

Im Betrieb und bei der Arbeit

Der Chef ist verärgert.
"Gestern sind sie zu spät gekommen, weil
sie den Bus verpasst haben, vorgestern
steckten sie im Stau und was haben sie
heute Müller?"
"Heute bin ich zu Fuß gegangen und hatte
Gegenwind!"

"Mein Mann hat jetzt Prokura!"
"Der Ärmste, lässt aber auch keine Krankheit aus."

Die Kurse an der Börse stürzen und stürzen, der Makler ist ganz
verzweifelt. In dieser allgemeinen Hektik platzt auch noch seine
Sekretärin herein: "Eben ist ihre Frau gestürzt!"
Der Makler aufgeregt: "Sofort verkaufen!"

Beim Vorstellungsgespräch sieht sich Renate das Bücherregal des
Direktors an. Da stehen Bücher wie:
"Der gute Ton", "Wie benehme ich mich?" und
"Umgang mit Menschen".
Renate wundert sich: "Wie kommen sie nur an solche Werke?"
Der Direktor reibt sich stolz die Hände:
"Die habe ich alle von meinen Mitarbeitern geschenkt bekommen!"

"Unser Chef scheint neuerdings sehr tierlieb zu sein."
"Wie meinst du denn das?"
"Na ja, gestern hat er mich zur Sau gemacht und heute zur Schnecke!"

Vor Gericht

Der Taschendieb zum Richter:
"Wenn Sie Gnade vor Recht ergehen lassen, beginne ich mit einem ehrlichen Leben."
"Und wie?"
"Nun, zunächst einmal, indem ich ihnen ihre Taschenuhr zurückgebe!"

Ede gibt vor Gericht den Einbruch in die Speisekammer einer Villa zu:
"Wissen sie, Herr Richter, ich hatte an diesem Tag einen so fürchterlichen Hunger!"
"So, so. Und warum haben sie die in der Speisekammer stehenden Schuhe auch noch mitgenommen?"
"Aus erzieherischen Gründen, Herr Richter. Ich frage sie: Gehören Schuhe in eine Speisekammer?"

Richter: "Schämen Sie sich denn nicht, in ihrem hohen Alter noch einen Fernsehapparat zu stehlen?"
Angeklagter: "In meiner Jugend gab es noch keinen, Herr Richter."

"Haben sie den Einbruch so begangen, wie ich in eben geschildert habe, Herr Angeklagter?", fragt der Richter.
"Nein, aber ihre Idee ist auch nicht schlecht!"

Sagt der Richter zum Angeklagten: "Sie können wählen zwischen 10 Tagen Gefängnis und 1000 DM."
"Dann nehme ich das Geld!"

Gesundheit

"Und wie sind sie zum Gewohnheitstrinker geworden?", will der Richter wissen.
"Durch meinen Hausarzt. Der hat mir monatelang Tabletten verschrieben, die ich laut Packungsbeilage nicht nüchtern einnehmen durfte."

"Sagen sie mal, warum stehen sie hier schon über drei Stunden herum?", fragt der Tankwart einen Mann, der sich an eine Tanksäule lehnt und ihn unentwegt beobachtet.
Antwortet dieser kleinlaut:
"Ich will mir doch nur das Rauchen abgewöhnen!"

"Herr Doktor, ist diese Operation denn wirklich nötig? Ich habe nämlich eine Frau und vier Kinder!"
"Ich auch, mein Lieber, ich auch..."

"Wie sind meine Chancen, Herr Doktor?"
"Ach wissen sie, ich mache diese Operation heute schon zum 27. Mal."
"Ach, da bin ich ja beruhigt."
"Eben, einmal muss sie mir ja gelingen."

Der alte Jagdherr geht nach der Pirsch ins Wirtshaus und trifft dort den Dorfdoktor.
"Wissen sie schon, was ich heute erlegt habe?"
"Ja, ja", winkt der Arzt ab, "war schon bei mir in Behandlung."

Ein Heldentenor geht in München zum Arzt und sagt:
"Herr Doktor, ich weiß mir wegen meiner Fettleibigkeit
nicht mehr zu helfen! Ich war schon bei zwei Ärzten. Der eine sagte,
ich solle viel zu Fuß gehen, der andere wollte mich zur Kur nach Bad
Nauheim schicken. Was wäre denn das Beste?"
"Wenn ich ihnen raten darf: Gehen sie zu Fuß nach Bad Nauheim!"

Eine Patientin kommt zum Internisten einer Universitätsklinik.
"Wie soll ich zu ihnen sagen?", erkundigt sie sich bei der Begrüßung,
"Herr Doktor oder Herr Professor?"
"Ganz wie Sie wollen", lächelt der Arzt, "einige meiner Studenten
nennen mich im Geheimen einfach den alten Trottel!"
"Na ja", meint die Dame, "dass können dann aber nur Leute sein,
die sie sehr gut kennen."

Treffen sich zwei alte Freunde:
"Du hast nichts von deiner schweren Krankheit zurückbehalten?"
"Nur erfreuliches, ich habe meine Krankenschwester geheiratet!"

„Hat das Medikament, das sie mir verschrieben
haben, irgendwelche Nebenwirkungen", fragt der
Patient.
„Ja", sagt der Arzt, „sie müssen damit rechnen,
wieder arbeiten zu können."

Ich beim Arzt: "Ich brauche eine Bestätigung, dass ich krank bin."
Arzt: "Was fehlt Ihnen denn?"
Ich: "Die Bestätigung."

„Konnten sie nicht früher kommen?", fragt der Arzt vorwurfsvoll. „Die Sprechstunde ist längst beendet."
Tut mir aufrichtig leid", erwidert der Patient. „Aber der Hund hat mich nicht früher gebissen."

Er liegt schwerkrank danieder. Sie sitzt weinend an seinem Bett.
"Weib", flüstert er mit letzter Kraft, "du musst mir schwören, dass du, wenn ich dahingegangen bin, keinen anderen Mann mehr anschauen wirst."
Sie schluchzt auf: "Ich schwöre es dir, Geliebter! Aber was ist, wenn du wieder gesund wirst?"

HA HA HA HA

Ein Mann liegt auf der Intensivstation, an vielen Schläuchen angeschlossen. Da besucht ihn ein Pfarrer. Plötzlich fängt der Mann zu keuchen an. Da er nicht sprechen kann, bittet er in Zeichensprache um einen Stift. Er kritzelt auf einen Zettel einen Satz und stirbt.
Der Pfarrer denkt sich: "Das geht mich nichts an" und bringt den Zettel der Frau des Verstorbenen. Die liest und fällt in Ohnmacht.
Da nimmt der Pfarrer den Zettel und liest: "Du Idiot, geh von meinem Schlauch runter!"

Der Augenarzt nach der Untersuchung: "Wie haben sie eigentlich hierher gefunden?"

Der Arzt zum Patienten: "Leider kann ich die Ursache ihrer Krankheit nicht finden, aber vielleicht liegt es am Alkohol."
"Gut, dann komme ich wieder, wenn Sie nüchtern sind!"

Seid nett zueinander

Melanie steht mit ihrem kleinen Wagen an der Tankstelle.
"Einen Liter Benzin und ein Becherchen Öl", sagt sie zum Tankwart.
Fragt dieser höflich: "Soll ich auch in die Reifen husten?"

Wütend kommt die sechzehnjährige Annina ins Zimmer gestürzt.
"Mit Jonas ist es aus", schluchzt sie.
"Aber warum denn?", erkundigt sich der Vater besorgt.
"Wir saßen auf der Parkbank...", erzählt die Tochter.
"...und dann ist er frech geworden", fällt der Vater ins Wort.
"Nein, dann ist er eingeschlafen!"

Urlauber im Hotel: "Gibt es hier Ungeziefer?"
"Im Prinzip nein, aber wenn sie es von zuhause
gewohnt sind, kann ich ihnen gerne welches
besorgen."

Ein Großwildjäger zeigt einem Besucher stolz seine Trophäen.
Da bleibt der Gast entsetzt stehen:
"Mein Gott, da hängt ja der Kopf einer Frau!
Und die lacht auch noch!?"
"Ja, das ist meine Schwiegermutter. Und sie hat bis zum letzten
Moment geglaubt, sie wird fotografiert."

"Was mein Mann anfasst, wird zu Gold."
"Dann lass ihn doch mal über das Armband streichen, das er dir zu
Weihnachten geschenkt hat."

Frau Meier sagt zu dem Mann am Informationsstand:
"Hoffentlich nerve ich sie nicht mit meinen Fragen!"
Meint der Mann gelassen:
"Macht nichts gnädige Frau, ich werde ja dafür bezahlt, dass ich
dumme Fragen beantworte!"

"Was", schreit der Apotheker empört, "sie klingeln mich wegen
Bullriechsalz nachts raus? Ein Glas Wasser hätte ihnen auch geholfen."
"Vielen Dank für ihren Rat! Dann will ich sie auch jetzt nicht länger
stören... ."

"Hast du schon gehört, dass den Beamten das Leben erleichtert
werden soll?"
"Wie denn?"
"Sie werden nun nicht mehr versetzt, sondern sanft umgebettet."

Am Ufer des Sees Genezareth erkundigt sich ein Tourist beim
Fährmann, was er für die Überfahrt verlange.
"Vierzig Dollar."
"Das ist ja Wucher!"
"Aber bedenken sie, über diesen See ging Jesus zu Fuß!"
"Kein Wunder, bei den Preisen!"

Patient: "Doktor, wie lange habe ich noch zu leben?"
Doktor: "Zehn."
Patient: "Wie zehn? Zehn Monate, Wochen, Tage?"
Doktor: "Neun..."

Freundinnen und Freunde

Unter Freunden: "Ich bin in letzter Zeit so vergesslich!"
"Und was tust du dagegen?"
"Wogegen?"

"Was gibt es Neues in Sachen Mode?", fragt Martin seine Freundin.
"Mode ist jetzt zweiteilig", meint sie.
"Wieso?"
"Den einen Teil kann man nicht tragen
und den anderen nicht bezahlen!"

HA HA HA HA

HA HA

"Warum nennt ihr euren Chef immer Blinddarm?"
"Ständig gereizt und völlig überflüssig!"

Karl wacht im Krankenhaus auf. Kopf verbunden, Arm in Gips, Rippen
bandagiert. An seinem Bett sitzt sein Freund Fritz.
"Mein Gott, Fritz, was ist denn passiert?"
"Na ja, du hast nach 15 Klaren und 20 Pils gewettet,
dass du vom Dach aus über die Stadt fliegen kannst."
"Ja, um Gotteswillen, warum hast du mich denn nicht
zurückgehalten?"
"Sollte ich die Wette vielleicht verlieren?"

HA HA HA

Die beiden Freunde sitzen an der Theke.
"Jetzt muss ich aber heim", meint der eine schließlich,
"sonst wird meine Frau historisch!"
"Du meinst wohl hysterisch, alter Junge?"
"Nein, ich meine historisch. Meine Frau wärmt dann nämlich immer
alte Geschichten auf."

Im Restaurant

"Herr Ober, der Wein ist ja trüb!"
"Das kann nicht sein, sicher ist nur das Glas schmutzig!"

"Herr Ober, diese Tasse hat ja einen Sprung."
"Da können sie mal sehen, wie stark unser Kaffee ist."

Im Restaurant wird ein Vereinsfest gefeiert. Es geht hoch her, aber an einem Tisch sitzt ein Mann und schläft.
"Warum wirfst du ihn nicht hinaus?", fragt ein Ober seinen Kollegen.
"Ich werde mich hüten", sagt dieser. "Ich habe ihn schon dreimal geweckt und jedes Mal hat er seine Rechnung bezahlt!"

Am Stammtisch: "Na Herr Krause, was studiert denn ihr Sohn?"
"Wirtschaftskunde!"
"Recht hat er! Gesoffen wird immer!"

Im feinen Speiselokal tritt der Sologeiger an den Tisch des Gastes:
"Verzeihung, hatten sie ein Stück von Mozart bestellt?"
"Nein, ein Stück vom Kalb!"

Der Ober zum aufgeregten Gast: „Wie können sie sich über die schlechte Bedienung beschweren? Sie hatten doch bis jetzt noch keine!"

Der Oberkellner fragt den Kellner: „Was hat eigentlich der Gast vom Tisch sieben in das Beschwerdebuch geschrieben?"
„Nichts, er hat nur sein Kotelett rein geklebt!"

Der Kellner liegt auf dem Operationstisch. Da kommt ein Arzt vorbei, der schon oft im Gasthaus gegessen hat.
"Herr Doktor, helfen Sie mir", stöhnt der Kellner.
Der Arzt zuckt die Achseln: "Bedaure, aber das ist nicht mein Tisch. Mein Kollege kommt gleich!"

„Herr Ober! Ich habe Hunger wie ein Wolf."
„Tut mir leid, aber Rotkäppchen ist leider aus."

„Herr Ober, mein Essen riecht nach Schnaps!"
Der Ober entfernt sich zwei Schritte vom Tisch des Gastes und fragt:
„Jetzt immer noch?"

Der Kellner schenkt dem Gast Kaffee ein und versucht ein wenig Smalltalk zu halten.
"Es sieht ein bisschen nach Regen aus, oder?"
"Ja, aber es könnte auch Kaffee sein."

Ein Mann setzt sich in einem Restaurant nieder und fragt den Ober:
"Was soll denn die Toilettenpapierrolle neben dem Besteck?"
Der Ober antwortet: "Für die einen ist es Toilettenpapier, für die anderen die längste Serviette der Welt!"

Verheiratet

Frau Huber zittert unter der Bettdecke.
"Schatz", flüstert sie, "als ich noch ein Kind war, hat mich meine Mutter immer in den Arm genommen und gewärmt, wenn ich fror."
"Na und!", knurrt Huber.
"Erwartest du etwa, dass ich mitten in der Nacht aufstehe, dreihundert Kilometer fahre und deine Mutter hole?"

Am Frühstückstisch.
Verwundert schaut der Ehemann auf seinen Teller voll Gras.
"Was soll denn das bedeuten Sigrid?"
"Weißt du mein Liebling", lächelt seine Frau, "in den letzten Tagen hast du dich wie ein Esel benommen und da dachte ich, dass du dich auch wie ein Esel ernähren willst!"

"Ich habe das Essen nach einem Rezept im Fernsehen gekocht!", säuselt sie.
Er: "Ich glaube, wir sollten nach der Antenne sehen lassen!"

Szene einer Ehe: "Hasilein, Schnuckilein..."
"Ja Liebling?"
"Sei still, ich rede mit dem Hund."

Kurz vor der Hochzeit.
Er: "Wenn wir verheiratet sind, werden wir drei Kinder haben!"
"Wieso weißt du das so genau?"
"Im Augenblick leben sie bei meiner Mutter."

Die Ehefrau zu ihrer attraktiven Nachbarin:
"Können sie nicht mal wieder oben ohne in ihrem Swimmingpool baden, damit mein Mann endlich einmal wieder den Rasen mäht!"

"Fräulein Luise, könnten sie es sich vorstellen, mein Los mit mir zu teilen?"
"Aber sicher, Herr Lutz! Wie viel haben sie denn gewonnen?"

Ehekrach: "Mäßige dich Hildegard, reize nicht das Tier in mir!"
"Ha", meint sie böse, "du glaubst doch nicht, dass ich vor einem Esel Angst habe!"

Die Tochter erzählt: "Mama, auf meine Kontaktanzeige habe ich jede Menge nette Zuschriften bekommen, selbst Papa hat geschrieben!"

"Unsere Tochter hat jetzt einen Gerichtsvollzieher geheiratet", erzählt Familie Mayer stolz.
"Das war wohl das einzige, das bei ihnen noch zu holen war."

"Mama hat Papa jetzt vom Schlafwandeln kuriert."
"Tatsächlich? Na, dass muss ja ein hartes Stück Arbeit gewesen sein."
"Nein, gar nicht, sie nahm nur die Bierflaschen aus dem Kühlschrank!"

„Dein Verlobter stottert ja!"
„Macht nichts, sobald wir verheiratet sind, hat er eh nichts mehr zu sagen!"

HA HA

Stolz berichtet Siegfried seiner Frau vom Vereinsabend:
"Stell dir vor Hildegard,
die haben mich zum 2. Vorsitzenden gewählt!"
"Da hat dein Verein aber eine sehr gute Wahl getroffen",
meint seine Angetraute. "Die Rolle kennst du ja schon von zuhause!"

Die blutjunge Ehefrau klagt ihrem Ehemann ihr Leid:
"Unser Baby ist wirklich süß. Aber schrecklich ist, dass es dauernd die Windeln nass macht und ich sie wechseln muss."
Meint der Ehemann:
"Gib ihm doch Trockenmilch, dann brauchst du es nur abzustauben."

Er kommt nach einem ausgedehnten Ehekrach wieder nach Hause und sagt: "Komm, lass uns den Mantel des Vergessens darüber decken."
Fragt sie: "Persianer oder Nerz?"

"Ich würde gerne meine geschiedene Frau wieder heiraten!"
"Und sie will nicht?"
"Nein, sie meint, ich wäre nur hinter meinem Geld her!"

Frau Schrippel liest in einem Gedichtband. Auf einmal ruft sie:
"Du Emil, hier hat ein gewisser Rilke das Gedicht abgeschrieben, das du vor dreißig Jahren eigens für mich gemacht hast!"

Ein Mann betritt wütend eine Bar, haut mit einer prallgefüllten Plastiktüte auf den Tresen und bestellt einen doppelten Whisky. Nachdem er diesen in einem Zug runtergestürzt hat, haut er wieder mit der Plastiktüte auf die Theke und bestellt den nächsten. Und noch einen. ... Und noch einen.
Und immer wieder der Schlag mit der Plastiktüte.
"Haben sie Kummer?", fragt der Barkeeper mitleidsvoll.
"So kann man es auch nennen! Stellen sie sich vor: Ich habe sechs Richtige im Lotto! Und meine Frau, diese dusselige Kuh, hat vergessen den Tippschein abzugeben!"
"Menschenskind! Also der hätte ich den Kopf abgerissen!"
"Ja, was meinen sie denn, was hier in der Plastiktüte ist!?"

Morgens liegt Herr Flaschbier neben seinem Bett.
"Du musst ja wieder schön blau gewesen sein", meint seine Gattin, "dass du nicht einmal gemerkt hast, wie du aus dem Bett gefallen bist."
"Gehört habe ich es schon", stöhnt Flaschbier, "aber ich wusste nicht, dass ich es war."

HA HA HA HA

"Sag mal, Schatz, wie ist es eigentlich gekommen, dass du dich damals in mich verliebt hast?"
"Siehst du, Liebling, jetzt wunderst du dich sogar schon selbst darüber!"

Der Familienvater stöhnt leidvoll auf: "Das ist zu viel! Jedes Jahr ein Kind. Ab heute schlafe ich auf dem Dachboden."
"Wenn du sicher bist, dass das hilft", freut sich die Ehefrau, "stell ich mein Bett auch oben auf... ."

HA HA

Ein älteres Ehepaar beobachtet im Park ein junges Liebespaar.
Plötzlich sagt die Frau:
"Paul, ich glaube, er will ihr einen Heiratsantrag
machen.
Pfeif doch mal, damit er gewarnt ist!"
Antwortet er:
"Warum sollte ich. Bei mir hat ja auch keiner
gepfiffen!"

Unterhalten sich zwei Ehemänner über ihre Frauen.
Fragt der eine: "Führt deine Frau eigentlich auch Selbstgespräche?"
Antwortet der andere:
"Ja, ständig. Aber sie weiß nichts davon. Sie denkt, ich höre ihr zu!"

„Herr Direktor, warum stellen sie in ihrer Firma immer nur
verheiratete Männer ein?"
„Ach, wissen sie, die reagieren nicht so empfindlich,
wenn man sie mal anbrüllt!"

Scheidungsrichter: "Aber irgendetwas muss sie doch an ihrem Mann
fasziniert haben, als sie ihn geheiratet haben!?"
Antwort: "Ja, aber das haben wir alles ausgegeben."

Sie haben sich nichts mehr zu sagen.
Abends legt er ihr einen Zettel hin:
"Morgen um 7.00 Uhr wecken."
Als er aufwacht ist es halb zehn.
Auf seinem Nachttisch liegt ein Zettel:
"Es ist 7.00 Uhr. Aufstehen!"

Kaufrausch

"Ich bin bloß gespannt, was du wieder alles eingekauft hast!",
stöhnt Herr Dahl, als seine Frau vom Großeinkauf heimkommt.
"Und ich erst mal", erwidert sie erschöpft.

"Also Hannes", sagt die Gattin des Professors, "jetzt hast du mich mit
deiner Zerstreutheit angesteckt. Ich wollte dir heute beim Einkaufen
ein neues Oberhemd besorgen. Und was bringe ich mit? Ein neues
Abendkleid für mich!"

"Helmut, bevor wir heirateten, sagtest du,
dass du Berge versetzen würdest!"
"Stimmt Schatz."
"Könntest du klein anfangen und mir die
Einkaufstaschen abnehmen?"

"Soll ich das Preisschild abmachen?",
fragt die Verkäuferin den Kunden.
"Nein! Es soll ein Geschenk sein.
Schreiben sie noch eine Null dahinter!"

Ein Blinder geht mit seinem Hund ins Kaufhaus.
In der Herrenabteilung packt er seinen
Vierbeiner am Schwanz und wirbelt ihn über dem Kopf.
Eine Verkäuferin ist entsetzt:
„Lassen sie sofort den Hund in Ruhe!"
Darauf der Blinde: „Man wird sich doch wohl mal umsehen dürfen."

Tanzvergnügen

Tanzlehrer: „Es gibt nur zwei Dinge, die dich daran hindern, ein
wirklich guter Tänzer zu werden."
Schüler: „Welche denn?"
Lehrer: „Dein linker und dein rechter Fuß!"

**HA
HA**

Andreas hat Elfi zum Tanz aufgefordert.
Nach einer Weile meint sie: "Sind sie eigentlich von der Post?"
"Nein, warum?"
"Na, weil sie mich wie eine Drucksache behandeln."

"Liebst du mich noch?"
"Klar, ich hab doch heute den ganzen Abend nur mit dir getanzt!"
"Das ist doch aber kein Beweis!"
"Hast du dich schon mal tanzen sehen?"

Der ungelenke junge Mann erzählt seiner Tanzpartnerin: „Das Tanzen
habe ich in einem Kurs im Fernsehen gelernt!"
„Das merkt man", antwortet sie genervt, „Sie tanzen alle
Bildstörungen mit!"

Oma und Opa besuchen eine Ballett-
Aufführung. Am nächsten Tag werden sie
gefragt, wie es war. Sagt Oma: "Sehr schön.
Die höflichen Tänzerinnen haben sogar
extra auf den Zehenspitzen getanzt,
nachdem Opa eingeschlafen war."

Vom lieben Gott

Ein Pfarrer und ein Busfahrer wollen in den Himmel.
Sagt Petrus zum Pfarrer: "Sie nicht. Wenn sie gepredigt haben, sind
die Leute immer eingeschlafen."
Zum Busfahrer meint er: "Sie dürfen rein. Wenn sie gefahren sind,
haben die Leute immer gebetet."

"Verstehst du das", sagt der kleine Carsten zu seiner Freundin Sabine,
"meine Mutter sagt immer, der liebe Gott wohne im Himmel und
unserer Lehrer sagt, er wohnt in der Kirche. Einer von beiden
schwindelt da doch."
"Nein, nein", wehrt Sabine das Arztsöhnchen ab, "der liebe Gott
wohnt schon im Himmel, aber in der Kirche hat er seine Praxis!"

Am Schluss der Stunde fragt der Herr Pfarrer:
"Nun Kinder, wer kann mir jetzt sagen, warum wir den lieben Gott nur
immer um das tägliche Brot bitten und nicht um das wöchentliche
oder gar um das monatliche?"
Kurtle erklärt das so:
"Weil´s albacken werde dät, ond dann will´s koi Mensch meh!"

Kollekte für die nach einem Blitzschlag abgebrannte Kirche.
Meint Herr Knauser:
"Nein, nein, für einen Hausherren, der sein eigenes
Zuhause anzündet, gebe ich nichts!"

HA
HA
HA

Wenn schon Falten, dann Lachfalten

Mathias kommt nach dem ersten Schultag nach Hause.
Fragt seine Mutter: "Na, wie war´s?"
"Och, der Lehrer wollte wissen, wo ich geboren bin."
"Und hast du´s gewusst?"
"Na klar, in der Frauenklinik. Aber das konnte ich doch nicht zugeben.
Dann hätte er mich ja für ein Mädchen gehalten."
"Ja, was hast du denn dann gesagt?"
"Auf dem Fußballplatz!"

"Na, Thea, wie war die
Hochzeitsnacht?"
"Och, wie immer."

Ein Ehemann stürzt in sein Schlafzimmer und schreit seiner Frau zu:
"Rasch zieh dich an, Sylvia, das Haus brennt!"
Da ertönt eine Stimme aus dem Kleiderschrank:
"Rettet die Möbel, rettet die Möbel!"

Ein Ehemann kommt stockbetrunken nach Hause
und lallt mühsam: "Entschuldige Liebling, wir haben nur ein kleines
Wettsaufen veranstaltet!"
"Das sehe ich", keift seine Gemahlin, "und wer ist zweiter geworden?"

Es sagt die etwas beleibtere Tante, nachdem sie ihre Abmagerungskur
schon nach drei Tagen aufgegeben hatte:
"Ich denke nicht daran, vor Hunger zu sterben, nur um ein paar
Jährchen länger zu leben!"

Ein Herr steht neben einer Dame im Supermarkt.
"Irgendwoher kenne ich sie", überlegt er.
"Sind ihre hellblauen Schlafzimmervorhänge in der Reinigung?"
Die Dame ist überrascht:
"Ja aber..."
"Haben sie ihrem Mann erst kürzlich das Rauchen abgewöhnt?"
"Ja aber..."
"Sind sie allergisch gegen Erdbeeren?"
"Ja, aber um Himmelswillen..."
"Regen sie sich nicht auf. Ich bin neulich im Kino hinter ihnen gesessen."

Herr Anton steht vor Gericht wegen Trunkenheit am Steuer.
Er protestiert heftig:
"Ich war nicht betrunken, ich war nur angetrunken!"
Der Richter lächelt milde:
"Das ist natürlich etwas anderes. In diesem Fall werden sie nicht zu sieben Tagen Gefängnis verurteilt, sondern nur zu einer Woche."

Der Chef lobt seine neue, bildhübsche Sekretärin:
"Sehr gut! Sie haben sich nur dreimal verschrieben, jetzt versuchen wir mal das zweite Wort!"

Musterung bei der Bundeswehr. Der Spieß fragt:
"Was sind sie von Beruf, Müller?"
"Telefonist, Herr Feldwebel!"
"Was hatten sie da zu tun?"
"Ich musste die Leute verbinden."
"Schon klar, ab zur Sanitätstruppe!"

„In den meisten Filmen heutzutage," meint Susi, „wird
ja nichts mehr dargestellt, da wird nur noch dargelegt!"

In New York wird ein Passant von drei Rockern ausgeplündert.
Er fleht die Kerle an:
"Bitte, lasst mir doch wenigstens irgendetwas!"
Da sagt der Oberrocker großzügig:
"Okay, Joe, steck ihm seinen Kaugummi wieder in den Mund."

Karli ist beim Klauen auf frischer Tat ertappt worden
und steht nun im Polizeirevier.
"Waschen sie sich die Hände", sagt der Polizist, "wir müssen einen
Daumenabdruck machen."
"Beide?", fragt Karl.
Der Polizist stutzt einen Moment, dann grinst er:
"Nein, nur eine. Ich will mal sehen, wie sie das machen."

Ein Erfinder:
"Wie sind sie mit meiner neuen Mausefalle
zufrieden?"
"Phantastisch! Heute Morgen lagen wieder drei
Mäuse davor, die sich über das System totgelacht
haben."

HA HA
HA HA

Die großen Petroleumfirmen wollten ihre Tankstellenpächter nicht
nur finanziell aufwerten. Also durften sie sich in Zukunft "Aralisten",
"Shellisten" oder "Essoisten" nennen.
Nur die Leute von BP machten da nicht mit... .

Bayern München gegen Borussia Dortmund vor ausverkauftem Haus:
Der Schiedsrichter hat einen rabenschwarzen Tag und trifft eine
Fehlentscheidung nach der anderen.
Die Zuschauer toben vor Empörung.
Nach dem Spiel klopft ihm Beckenbauer auf die
Schulter:
"Also wirklich, das war ein tolles Spiel!
Schade nur, dass sie es nicht gesehen haben."

Ein Fluggast zu seinem Nebensitzer: „In spätestens zwanzig Jahren
wird es nur noch Jets geben, die zweimal schneller als der Schall
fliegen."
„Das heißt," überlegt der andere, „die Stewardess knallt dir eine,
bevor du sie in den Hintern kneifen kannst!?"

Schulzes Tochter, die süße Gaby, hat sich mit dem Sohn vom reichen
Krüger eingelassen, was nicht ohne Folgen blieb. Im dritten Monat
gesteht Gaby ihren Fehltritt.
Schulze stellt den alten Krüger erzürnt zur Rede.
Der sagt: "Beruhigen sie sich bitte. Wir regeln die Sache gütlich.
Wenn es ein Junge wird, bekommen sie von mir
100 000 DM, wenn es ein Mädchen wird 80 000 DM!"
"Na gut", meint Schulze, "dass lässt sich hören. Aber wenn es nun eine
Fehlgeburt gibt, geben sie meiner Tochter dann noch eine Chance?"

Der Malermeister nimmt seinen neuen Lehrling zum ersten Mal mit
auf die Baustelle. Seine Anweisung lautet: "Streich die Fenster."
Nach zwei Stunden kommt der Lehrling wieder und fragt treuherzig:
"Die Fenster sind fertig, Meister. Soll ich jetzt auch noch die Rahmen
streichen?"

Ein Mann ärgert sich über einen müßig herumsitzenden Gammler:
"Warum arbeiten sie nicht?"
"Warum sollte ich?"
"Um Geld zu verdienen."
"Und dann?"
"Das Geld bringt ihnen Zinsen!"
"Und dann?"

"Dann haben sie so viel Geld, dass sie nicht mehr arbeiten müssen!"
"Lieber Mann, wo ist da die Logik? Ich arbeite doch jetzt auch nicht!"

Zwei Freunde treffen sich. Der eine hat beide Ohren dick verbunden.
"Mein Gott, was hast du den angestellt? Unfall?"
"Nee, aber du weißt doch wie zerstreut ich bin.
Neulich stand ich beim Bügeln, plötzlich schellte das Telefon, ich hebe
die rechte Hand und sage: Hallo!"
"Entsetzlich! Aber das gilt ja nur für das rechte Ohr,
was ist mit dem anderen?"
"Na, Menschenskind, ich musste doch den Notarzt anrufen!"

Der Hörgeräteakustiker bietet einem Kunden ein neues Hörgerät an:
"Dies ist ein ausgezeichnetes Gerät, ich trage es selbst!"
"Und was kostet es?"
"Nein, nein, es rostet nicht!"

Ein Fallschirmspringer versucht ohne Fallschirm
abzuspringen.
Seine Kameraden versuchen ihn
zurückzuhalten, vergebens.
Ruft der Pilot aus der Kanzel:
"Was gibt´s denn?"
"Was Entsetzliches ist passiert, der Meyer ist
ohne Fallschirm abgesprungen."
"Was, schon wieder?"

Karlchen jammert: "Ich habe einen Holzsplitter im Finger!"
Meint seine Frau spöttisch: "Hast dich wohl wieder am Kopf gekratzt!"

Ein Junggeselle jammert: "Ich habe jede Menge Kochbücher. Aber keines ist zu gebrauchen."
"Ja, wieso denn nicht?", fragt ihn sein Kumpel.
"Nun, fast jedes Rezept fängt mit dem Satz an:
Man nehme eine saubere Schüssel... ."

Eine attraktive geschiedene Frau und ihr fünfjähriger Sohn sitzen am Strand. In der Nähe sonnt sich ein gutaussehender Herr.
Der Kleine geht zu ihm hin und sagt:
"Ich heiße Jürgen. Und du?"
"Ich heiße Horst Krüger", sagt der Herr freundlich.
"Und wie alt bist du?", forscht der Knirps weiter.
"Ich bin gerade 36 geworden."
"Bist du alleine hier? Und wie lange bleibst du?"
"Ja, und vielleicht noch 8 Tage."
Da dreht sich der Kleine zu seiner Mutter um und ruft:
"Mami, was soll ich den Onkel jetzt noch fragen?"

 Herr Neureich kommt aus dem Flughafengebäude und winkt einem Taxi. Er steigt ein und sagt zu dem Fahrer:
"Nun fahren sie mal los mit ihrer Mistkarre!"
Darauf der Fahrer sehr höflich:
"Und wohin soll ich den Mist fahren?"

Ein Ehemann zu seiner Frau, als er gerade den Fernseher einschaltet:
"Möchtest du noch etwas sagen, bevor die Fußballsaison anfängt?"

Ein Feinschmecker bittet in einem exklusiven Restaurant um die Speisekarte.
"Wir haben keine Speisekarte", bemerkt der Ober, "bei uns gibt es alles!"
"Schön", grinst der Gast, "dann bringen sie mir Elefantenohren!"
"Sehr wohl, mein Herr. Wünschen sie afrikanische oder indische?"
"Worin besteht der Unterschied?"
"Die afrikanischen hängen, die indischen stehen."
Der Feinschmecker entscheidet sich für die indischen und verspeist sie mit großem Genuss.
Nach dem Essen fragt er den Ober:
"Sagen sie, ist es schon einmal vorgekommen, dass sie einen Wunsch nicht erfüllen konnten?"
Der Ober wird bleich:
"Nun, ich spreche höchst ungern darüber. Einmal verlangte ein Gast getoastete Ameisenbrüstchen. Und just an diesem Tag ist der verdammte Toaster ausgefallen!"

Eine Blondine wird von einem Polizisten angehalten. Der Polizist tritt ans offene Fenster und verlangt nach ihrem Führerschein. Die Blondine fängt an in ihrer Tasche zu suchen.
Nach drei Minuten fragt sie: "Was ist ein Führerschein?"
Der Polizist antwortet:
"Das können sie aufklappen und dann sehen sie ein Bild von sich."
Die Blondine nimmt ihren Spiegel hervor und reicht ihn dem Polizisten.
Der Polizist klappt ihn auf und schaut hinein. Nach einer Minute klappt er den Spiegel wieder zu und sagt:
"Sie hätten schon von Anfang an sagen können, dass sie Polizistin sind!"

HA HA HA HA HA HA HA HA HA HA HA HA HA

Omas neue Witze

Fragt die Frau ihren Mann:
"Warum hüpfst du denn im Zimmer herum?"
"Ich habe gerade meine Medizin genommen und vergessen, die Flasche zu schütteln."

In der Schule fragt der Lehrer:
"Wer kann mir die drei Eisheiligen nennen?"
Meldet sich Peter: "Langnese, Schoeller und Dr. Oetker!"

Helmut Kohl sitzt mit Hannelore vorm Kreuzworträtsel.
"Du, Hannelore. Kanzler der deutschen Einheit mit vier Buchstaben?"
"Mensch Helmut, dass bist du!"
"Kann nicht sein, DU hat zwei Buchstaben."
Hannelore: "Die meinen dich."
Helmut: "Ach so, DICH, dass passt."
Hannelore: "Helmut, die meinen dich!"
Helmut: "MICH? ... Ja, dass passt auch! ... Was denn nun?"

Zwei Knirpse beim Psychiater.
Meint der eine: "Du, der ist sehr gut, der sucht die Schuld immer bei den Eltern!"

"Angriff!" schreit der Kompaniechef.
Alle rennen mit. Nur der Gefreite Berger läuft zurück.
"Berger! Die Front ist da vorn!"
"Ich weiß, aber man wird doch wohl noch einen Anlauf nehmen dürfen!"

Der stolze Vater: "Kläuschen, der Storch hat dir ein Schwesterchen gebracht. Willst du es sehen?"
"Später. Zeig mir erst mal den Storch!"

"Mit dieser Medizin können sie die ganze Nacht durchschlafen", meint der Arzt.
"Sehr schön. Und wie oft muss ich sie nehmen?"
"So alle zwei Stunden... ."

"Ihre Gattin braucht dringend Seeluft", sagt der Doktor.
Der Schotte nahm daraufhin seine Frau und ging in ein Fischgeschäft.

Ein junges Ehepaar, das sich sehr oft streitet, geht in ein Restaurant. Plötzlich lässt der Kellner das Tablett mit dem Geschirr fallen und die Scherben klirren. "Hör mal", meint der Gatte, "sie spielen unser Lied!"

Wendet sich der Pastor während der kirchlichen Trauung verärgert an den Bräutigam: "Junger Mann, ich bin es gewohnt, dass man auf meine Frage mit einem klaren *Ja* antwortet und nicht mit einem *Meinetwegen*!"

Knacker Ede fragt Otto: "Kannst du mir mal eben 2000 Mark pumpen? Du bekommst sie wieder, sobald die Banken geschlossen haben!"

„Roswitha, diese Pilzsuppe schmeckt aber besonders köstlich, woher hast du denn bloß das Rezept?" "Aus einem Kriminalroman!"

"Oh Gott", jammert die Wahrsagerin der Kundin vor, "ich sehe Schreckliches, ihr Mann wird in den nächsten Tagen sterben!" "Das weiß ich", entgegnete die Kundin, "ich will nur wissen, ob ich freigesprochen werde?"

Richter: "Angeklagter, wann arbeiten sie eigentlich?"
"Dann und wann."
"Und was?"
"Dies und das."
"Und wo?"
"Hier und dort."
"Gut, sie kommen ins Gefängnis."
"Und wann werde ich wieder entlassen?"
"Früher oder später."

Brief aus dem Mädchenpensionat: "Liebe Eltern, obwohl das Essen hier alles andere als gut ist, nehme ich ständig zu. Wenn die Waage am Hauptbahnhof stimmt, wiege ich nackt 52 Kilo."

Chef: "Meine Damen und Herren, ich habe ja nichts dagegen, dass es geteilte Meinungen gibt, aber wir wollen es doch so halten, dass ich eine Meinung habe und sie diese teilen."

Ein Polizist stoppt einen Tippelbruder, der mit einem Karton in der Hand durch den Park geht. Polizist: "Was haben sie da drin?" "Küche, Wohnzimmer, Schlafzimmer und Bad."

Der Gast starrt ungläubig auf das winzige Kotelett auf seinem Teller und isst nicht.
Ober: "Aber, mein Herr, warum essen Sie denn nicht?"
Gast: "Das Essen ist mir zu heiß."
"Aber dann pusten Sie doch!"
"Das wage ich nicht."
"Aber warum denn nicht?"
"Dann fliegt es mir vielleicht weg!"

Patient: "Aber Herr Doktor, sie wollen doch nicht behaupten, dass ich ein Trinker bin."
Arzt: "Das nicht, aber, wenn ich eine Flasche Cognac wäre, möchte ich nicht mit ihnen in einem Zimmer sein."

Tafel in der Telefonzelle: "Zur Beachtung: Bitte das zweite Geldstück erst nach dem ersten einwerfen."
Darunter steht in Handschrift: "Ich hab's umgekehrt versucht, ging auch."

Im Zoo.
Julius: "Papa, was würde der Tiger dort wohl sagen, wenn er sprechen könnte?"
Vater: „Er würde sagen: Ich bin ein Leopard!"

In der Gemäldegalerie:
Künstler 1: "War deine Ausstellung ein Erfolg?"
Künstler 2: "Wie man es nimmt. Ich habe zwar nichts verkauft, aber immerhin sind mir vier Bilder gestohlen worden.“

Zu guter Letzt

Pfarrer: "Herr Huber, ich traue ihnen nicht!"
Huber: "Ist auch nicht nötig, Herr Pfarrer, ich bleibe ledig!"

Tünnes und Schäl stehen auf der Rheinbrücke und schauen aufs
Wasser. Plötzlich schwimmt ein Brett vorbei mit der Aufschrift: "1"
Tünnes: "Wat is dat denn?"
Schäl: "E Brett, süs se doch!"
Tünnes: "Warum steht denn do en 1 drup?"
Schäl: "Man, bisse doof, dat is doch klar, dat is dat erschte Brett,
dat hi vorbeiküt!"
Tünnes: "Ah, so. 2. und 3. Brett."
Plötzlich erscheint ein Brett mit der Aufschrift: "KKBM"
Tünnes: "Wat is dat nu?"
"Is doch klar!" mein Schäl. „Küt Kee Brett mie."

Der Student telegrafiert an seinen Vater: "Wo bleibt Geld?"
Vater an Sohn: "Hier!"

Der Richter: "Die nächste Person, die die
Verhandlung unterbricht, wird nach Hause
geschickt!"
Der Gefangene: „Hurra!"

Frau Meier zu ihrem Mann: "Liebling, willst du mir
100 DM leihen, aber nur 50 DM geben, dann bist du mir 50 schuldig,
und ich dir 50. Dann sind wir ja quitt!"

"Wo befanden sie sich, als sie überfahren wurden?"
"Zuerst vor, dann unter dem Auto, Herr Richter."

"Warum siehst du so traurig aus?"
"Meine Frau will verreisen."
"Aber deshalb brauchst du doch nicht so traurig auszusehen?"
"Doch, sonst fährt sie nicht."

Ein Mann kommt mit seiner Tochter zum Psychiater.
"Herr Doktor, sie müssen uns helfen! Meine Tochter glaubt, sie sei ein Huhn."
"Wie lange hat sie das schon?"
"Drei Jahre."
"Wieso kommen sie denn erst jetzt?"
"Na, weil wir die Eier brauchten!"

In der Texas Bar im Wilden Westen:
"Was macht denn dein Bruder zurzeit?"
"Er ist tot."
"Gehängt?"
"Nee."
"An was starb er denn dann?"
"Fünf Asse beim Poker."

"Wie gehen die Geschäfte?"
"Danke, ich kann nicht klagen. Mein Kundenkreis wächst und wächst!"
"Was verkaufst du?"
"Kinderkleider."

"Mein Mann ist wie ein Vulkan."
"So feurig?"
"Nein, max. alle zwei Jahre einen Ausbruch."

"Aus ihren Handlinien lese ich Schreckliches", flüstert die
Wahrsagerin. "Es wird ein böses Ende mit ihnen nehmen, man wird
sie töten, kochen und aufessen."
"Moment," unterbricht sie der Kunde, "lassen Sie mich erst die
Schweinslederhandschuhe ausziehen!"

Ein Dachdecker fällt vom Dach auf die
Straße und wird sofort von einer großen
Menschenmenge umringt. Einer fragt
erschrocken: "Was ist denn passiert?"
Der Arbeiter steht auf, klopft sich den Staub
von der Hose und meint: "Keine Ahnung,
bin auch gerade erst gekommen."

Wütend schlägt ein Beamter im Gartenbauamt eine Schnecke tot.
"Warum hast du das gemacht?", empört sich ein Kollege.
"Das aufdringliche Ding verfolgt mich schon den ganzen Tag."

Und dann war da noch der Schotte, der zwanzig Jahre lang denselben
Hut trug, bis er sich entschloss, sich einen neuen zu kaufen. Er ging in
den einzigen Hut Laden des Dorfes und sagte: "So, da bin ich wieder."

"Angeklagter, wie kamen sie eigentlich auf den Gedanken, dass Auto zu stehlen?"
"Naja, es stand vor dem Friedhof und ich dachte, der Besitzer sei tot."

"Früher sind mir die Frauen immer massenhaft nachgelaufen."
"Und warum heute nicht mehr?"
"Weil ich keine Handtaschen mehr klaue!"

Aus einer schottischen Zeitung: "Mc Tavish und Mc Mark wetteten um eine Flasche Whisky, wer von ihnen am längsten die Luft anhalten könne. Die Beerdigung der beiden ist am kommenden Dienstag."

"Mein Fräulein, darf ich sie wiedersehen?"
"Ja, rufen sie mich doch einfach an, meine
Nummer steht im Telefonbuch."
"Und Ihr Name?"
"Der steht gleich daneben."

"Angeklagter, ich möchte wirklich wissen, warum sie so viel lügen."
"Das kommt daher, weil sie soviel fragen, Herr Richter."

Der Kunde: "Ich hätte gern einen schicken Sportwagen für meine Frau." Bedauert der Verkäufer: "Tut mir leid, mein Herr, aber wir machen hier keine Tauschgeschäfte."

"Fragen, nichts als Fragen, Herr Richter. Wäre es nicht besser gewesen, sie hätten sich vorher über den Fall besser informiert?"

Wie das Witzebuch LACHEN entstand

Liebe Leserin, lieber Leser,

fast zwei Jahrzehnte hat meine Großmutter für mich die schönsten und besten Witze gesammelt. Bei jedem Besuch, in jedem Brief oder Päckchen von meinen Großeltern waren immer ein oder zwei Witze, die meine Großmutter aus Zeitungen und Illustrierten ausgeschnitten hat. Ich fing an diese Witze zu sammeln und fragte eines Tages, was ich denn mit den Witzen machen soll?
„Eine Witzesammlung schreiben – ein Witzebuch veröffentlichen", war die Antwort.

Dann am 16. August 1994 (dem 79. Geburtstag meiner Großmutter), nachdem ich schon über ein Jahrzehnt gesammelt hatte, war es soweit. Es „erschien" die erste Ausgabe, in einer Auflage von einem Buch. Zwei weitere, ergänzte Ausgaben folgten in den Jahren 1995 und 1997.

Meine Großeltern sind im August 2003 verstorben und das Witzebuch wollte in den Handel. Andere sollen auch LACHEN! LACHEN über die Witze, mit denen meine Oma mir über viele Jahre eine Freude bereitet hat.

Im Jahr 2009 war es dann soweit und das Witzebuch wurde mit dem Titel LACHEN im Buchhandel veröffentlicht. 2019 und 2020 folgten dann die 2. und die 3. Auflage.

Wenn das Witzebuch in seiner Gesamtheit Ihre Erwartungen erfüllt, dann ist das Ziel, das meine Großmutter in den 1980er und 1990er Jahren verfolgt hat, erreicht und aufgegangen.

Mathias P. Rein, Mai 2020

Mathias P. Rein

Witzebuch MEHR LACHEN

Für alle Lehrer (m,w,d) zur Verwendung im Unterricht.

Mit Humor und Witz den Unterricht verkürzen und trotzdem mehr erreichen.

ISBN: 9-783748-165316

*Wenn Sie <u>Wortspiele</u> und <u>Wortwitze</u> mögen, als Blondine über <u>Blondinenwitze</u> und als Mann über <u>Männerwitze</u> lachen können; wenn Sie <u>Scherzfragen</u>, <u>Schräge-</u> und <u>Gemeine Witze</u> in Ihr Repertoire aufnehmen wollen; wenn Sie wissen wollen, warum LACHEN so **gesund ist** und wenn Sie mehr über den <u>tödlichsten</u> sowie den <u>witzigsten Witz der Welt</u> erfahren möchten, dann lege ich Ihnen das Witzebuch **MEHR LACHEN** ans Herz.*

MEHR Struktur (im Buch), MEHR Witz (da vielfältiger), MEHR Information (da tief und breit recherchiert), für MEHR Menschen (als wie es im Untertitel des Buches scheint);
*einfach viel MEHR: **MEHR LACHEN!***

Ebenfalls von Mathias P. Rein
bei BoD erschienen

VOLLER EINSATZ - Die Schulsanitäter – PAUL
Band 1

Broschiert:	116 Seiten
Auflage:	1 (20. September 2012)
ISBN:	978-3-8482-2010-6

VOLLER EINSATZ - Die Schulsanitäter – MAXI
Band 2

Broschiert:	112 Seiten
Auflage:	1 (16. September 2013)
ISBN:	978-3-7322-4352-5

Schüler in sozialen Diensten –
Dimensionen pädagogischen Handelns
Eigenschaften freiwilliger Schulsozialdienste am Beispiel des
Schulsanitätsdienstes.

Broschiert:	344 Seiten
Auflage:	1 (9. September 2009)
ISBN:	978-3-8391-0332-6

Leseproben unter **www.mathias-p-rein.de**

Einen habe ich noch...

Ein Witzebuch sollte mit einem Witz enden ... und den habe ich für Sie:

Ein Schotte, der seit einem Jahr seine Frau vermisst, erhält von der Polizei ein Telegramm: „Frau gefunden - Stopp - ertrunken - Stopp - Körper über und über mit Perlen und Muscheln übersät - Stopp - erbitten Nachricht - Stopp".
Der Schotte schreibt zurück:
„Muscheln und Perlen absammeln - Stopp - Köder wieder auswerfen."

CPSIA information can be obtained
at www.ICGtesting.com
Printed in the USA
BVHW031551150222
629077BV00011B/706